La vie
que j'ai moi-même choisie

La vie
que j'ai moi-même choisie

*La parole éternelle,
le Dieu unique, l'Esprit libre,
parle à travers Gabriele,
comme à travers tous les prophètes de Dieu –
Abraham, Moïse, Isaïe, Job, Elie,
Jésus de Nazareth,
le Christ de Dieu*

Editions Gabriele
La Parole

La vie que
j'ai moi-même choisie

1ère édition en français : décembre 2018

© Gabriele-Verlag Das Wort
Max-Braun-Str. 2, 97828 Marktheidenfeld, Allemagne
www.gabriele-verlag.com
www.editions-gabriele.com

Titre original en allemand :
Mein Leben, das ich selbst gewählt

Pour toute question se rapportant au sens,
l'édition allemande fait référence.
Traduction de l'allemand autorisée par
© Gabriele-Verlag Das Wort GmbH

N° de réf. : S345fr
ISBN 978-3-96446-014-1

Table de matières

Préface

J'ai moi-même choisi « ma vie » – quelle qu'elle soit.

Dans le cadre d'une émission de télévision, Gabriele, la prophétesse et messagère de Dieu à notre époque, a donné sur ce thème des explications et des aides entre temps retranscrites dans ce livre.

La vie
que j'ai moi-même choisie

Un poème qui donne à réfléchir :
« La vie que j'ai moi-même choisie »

Avant de commencer ma vie sur Terre,
on m'a montré à quoi elle ressemblerait ;
j'en ai vu les afflictions, les chagrins,
la misère et les fardeaux de souffrance.
J'ai vu le vice m'accabler,
l'erreur m'emprisonner.
J'ai vu la colère dans laquelle je m'emporterai,
la haine et l'orgueil, la fierté et la honte.
Mais j'ai vu aussi les joies de jours
remplis de lumière et de beaux rêves,
où il n'y a plus ni plaintes ni plaies et
où partout coule la source du don,
où l'amour offre la félicité de la liberté
à celui qui est encore prisonnier de l'habit terrestre ;
des jours où l'homme s'arrache des tourments de
l'être humain
pour penser comme un élu d'esprits élevés.

On m'a montré les bons et les mauvais côtés,
on m'a montré la quantité de mes faiblesses.
On m'a montré la plaie par laquelle je saigne.
On m'a montré l'aide donnée par les anges.
Alors que je regardais ainsi ma vie future,
j'entendis un être me demander
si j'allais oser la vivre,
car l'heure de la décision avait sonné.

Après en avoir mesuré une nouvelle fois tous les
mauvais côtés,
j'ai donné ma décision d'une voix ferme :
« Oui, c'est la vie que je veux vivre ! »
Et dans le silence, j'ai pris sur moi
mon nouveau destin.
C'est ainsi que je suis né dans ce monde,
c'est ainsi que cela s'est passé
quand je suis entré dans cette nouvelle vie.
Je ne me plains pas,
même si souvent beaucoup de choses
ne me plaisent pas,
*car avant de naître j'ai dit oui.**

* poème dont l'auteur est inconnu, attribué à Hermann Hesse

*« Ma vie » – la manière de voir
de l'être humain en tant qu'individu.
Dieu ne parle pas de Sa vie personnelle*

Chers lecteurs, combien de fois ne parlons-nous pas ou n'entendons-nous pas parler de notre vie ! Par exemple, en ces termes : « Ma vie a été un succès » ou « Dans ma vie, j'ai eu de nombreux hauts et bas » ou encore « Je ne peux vraiment pas me plaindre de ma vie » ou bien « J'ai eu une vie difficile. J'ai souvent été malade et ce n'est pas fini » ou encore « Ma vie a été marquée par des coups du sort » ou « Dans ma vie, j'ai manqué et je manque encore de courage et de persévérance » ou aussi « Au cours de ma vie, j'ai souvent été seul et malheureux » ou bien « Ma vie touche bientôt à sa fin. Mon corps est vieux et usé » ou encore « Si je pouvais être jeune de nouveau, je vivrais ma vie autrement », et bien d'autres choses encore.

Chacun a donc sa propre vie. La liste des différentes situations marquant la vie de chacun individuellement pourrait se poursuivre à l'infini, car chacun pourrait y ajouter les détails caractéristiques de sa propre vie. Quelles que soient les générations, chaque personne a vécu sa vie, une vie souvent à l'image de l'époque à laquelle elle vivait et marquée différemment par la joie et les peines, mais toujours ponctuée des césures que sont la naissance et la mort.

A toutes les époques et jusqu'à aujourd'hui, chacun a donc vécu sa propre vie dont il dit que c'est sa vie, la vie à laquelle il croit.
Ne serait-il pas étrange que l'Esprit éternel et universel – que nous appelons Dieu en Occident – nous parle d'une vie céleste personnelle au lieu de nous parler de la vie véritable et éternelle ? De la Vie qui se poursuit sans interruption et qui est la loi de l'existence

éternelle, la loi de l'infini, et cela de toute éternité, car Dieu est Loi omniprésente et éternelle, vie éternelle !

L'Esprit universel et éternel ne dit pas que c'est Sa vie personnelle. La Vie que Dieu, l'Eternel, révèle et dont il est question aussi dans la Bible qui contient encore quelques bribes de la vérité qu'est Dieu, est la vie éternelle.

Pourquoi l'Eternel, l'Esprit universel, Dieu, parle-t-Il de la vie éternelle, et nous, les êtres humains, parlons-nous de notre vie, de la vie de chacun individuellement ?

C'est une question essentielle, voire capitale ! Pourquoi cette différence frappante ? D'où vient-elle ? La réponse est aussi simple que succincte : C'est une question de conscience.

*Dieu est la vie infinie et éternelle
d'où est né l'univers*

Beaucoup de personnes ne regardent pas les détails de leur vie sur Terre à la lumière d'un contexte supérieur. C'est pourquoi elles parlent de leur vie. Elles disent : « C'est ma vie. » Elles s'expriment à partir de la perspective de leur conscience humaine étroite, limitée. La conscience cosmique leur est encore fermée parce qu'elles n'ont pas encore fait les pas d'évolution spirituelle nécessaires, elles ne se sont pas orientées sur les Dix Commandements de Dieu et le Sermon sur la Montagne de Jésus.

L'Esprit éternel, Dieu, n'a pas besoin de chercher la conscience suprême, la conscience cosmique, car Il est Lui-même cette conscience. Il est la conscience universelle qui embrasse tout ce qui existe.

Dieu est la loi de l'infini, la vie éternelle. Il s'est donné forme à partir de la loi de l'infini. Ainsi, dans le royaume de Dieu, parmi Ses fils et Ses filles, les êtres spirituels, Il est l'Etre le plus élevé. Il est le Dieu Père-Mère. Le Dieu Père-Mère est également notre Père céleste parce qu'au plus profond de notre âme nous sommes des êtres spirituels issus de Son royaume. Notre Père céleste ne parle pas de la vie d'un être spirituel individuellement. De tout temps, à travers Ses messagers, les prophètes et les prophétesses, Il a enseigné et enseigne aujourd'hui encore l'unité de la Vie. La Vie est la loi sainte et éternelle, la loi absolue d'où sont issues toutes les formes pures.

A travers les messagers des cieux de l'Ancien Testament, Dieu, l'Eternel, nous a appris que la vie est éternelle. Et Son Fils, le Christ, le Rédempteur de toutes les âmes et de tous les hommes, a enseigné dans le Nouveau

Testament, et aujourd'hui encore à travers la parole prophétique, que la vie éternelle a son ordre et qu'en toute forme de vie se trouvent les forces de l'existence éternelle, de la loi éternelle, Dieu. Il s'agit de la force sainte de Son ordre, de Sa volonté, de Sa sagesse, de Sa rectitude, de Sa patience qui est Sa bonté, de Son amour et de Sa miséricorde qui est Sa douceur.

Les paroles de l'Esprit de Dieu nous sont données afin que nous y réfléchissions. Nous ne devrions pas nous contenter de les écouter ou de les lire, il faudrait également y réfléchir afin de saisir le sens de ce qui est dit, car il y est question d'une partie de nous-mêmes, de notre vie véritable, éternelle.

Pour notre part, nous sommes des chrétiens libres qui suivent Jésus, le Christ. Nous n'appartenons à aucune religion extérieure. La religion intérieure est liberté, c'est la Vie qui est, en fin de compte, notre vie éternelle. Nous avons nous-mêmes choisi cette vie terrestre par notre comportement. Elle a été forgée par le contenu de nos sentiments, pensées, paroles et actes. Notre vie est donc entre nos mains. C'est pourquoi nous sommes libres, des chrétiens libres qui décident de leur vie.

Les êtres spirituels des cieux sont issus de l'amour de Dieu, de Son cœur. La totalité des forces de l'existence éternelle véritable sont présentes dans toutes les formes de vie. Elles sont donc également présentes en chaque homme, en chaque animal, dans les astres, dans toute la nature. Parce que le tout forme une unité, tous les plans s'écoulent les uns dans les autres sous forme de force et de lumière. C'est aussi ce qui se passe dans tous les êtres divins.

Toutes les forces célestes sont, en tant que tout, la loi de l'existence pure, la Vie. Chaque être spirituel est loi éternelle comprimée, un être dans la loi universelle, la Loi qui est la Vie des êtres spirituels et qui s'écoule en eux en tant que souffle, force vitale. La loi éternelle est le rayonnement de la lumière primordiale, Dieu, la vie éternelle. Toutes les planètes de l'ensemble des plans célestes et des univers sont traversées et emplies du rayonnement de la loi éternelle qui maintient leur existence. Elles suivent le cours que Celui qui guide toute chose, Dieu, la Loi, a déterminé pour elles. Toutes les formes de vie des règnes de la nature dans le royaume de Dieu, dans la création éternelle pure, sont orientées vers la lumière primordiale, vers la Loi de la Vie – l'amour immuable pour Dieu et pour le prochain.

Cela signifie que tous les astres du royaume de Dieu, tous les êtres spirituels, toutes les formes d'existence des règnes de la nature, sont traversés et animés par le rayonnement de la lumière primordiale éternelle, la loi éternelle. C'est le cas dans le royaume de Dieu de substance purement spirituelle, lumineuse, mais également dans les mondes densifiés, partiellement ou totalement matériels ; la différence est que ces derniers sont recouverts d'enveloppes faites d'énergie divine déchue, dégradée. Tous les univers, toutes les formes d'existence, hommes, animaux et végétaux, portent en eux la loi universelle, Dieu !

La lumière et la force sont synonymes d'unité. La lumière et la force sont l'harmonie de la loi éternelle de l'amour pour Dieu et pour le prochain. C'est pourquoi l'amour véritable est l'harmonie de la création pure qui ne connaît aucune ombre. Et l'amour véritable est la vie véritable et éternelle, inondée de lumière.

La Vie est donc unité, union et accord de toute éternité. Par conséquent, aucun être spirituel ne parle de *sa* vie parce que, dans la loi de Dieu, il est lui-même la Vie de l'éternité. La loi de Dieu, la loi de la vie éternelle est également l'harmonie dans tous les êtres divins ainsi que dans les règnes de la nature du royaume de Dieu.

*De la responsabilité de l'homme
pour son comportement,
ses valeurs, son chemin de vie –
conséquences fatales, également
pour son âme dans l'au-delà*

Si nous laissons agir en nous cette courte description du royaume éternel, de l'existence éternelle pure, de la Vie qu'est Dieu et qui est unité, et que nous ressentons au plus profond d'elle, nous prenons alors conscience que la vie humaine, qui tourne autour de « ma vie », ne peut être que la vie personnelle de chacun – pas la vie éternelle, la vie impersonnelle de l'unité, de l'amour pour Dieu et pour le prochain.

Si nous considérions notre vie sur Terre comme une courte étape, comme un fragment de notre chemin, il nous serait alors plus facile de nous situer dans le contexte cosmique global. Nous serions alors davantage à même de comprendre, par exemple, ce que la naissance et la mort signifient par rapport à notre existence éternelle. A partir de ce point de vue plus élevé, nous donnerions aux situations et évènements de notre vie sur Terre une signification complètement différente, une tout autre valeur.

Chacun détermine lui-même la valeur de sa vie sur Terre, une vie qu'il façonne par son comportement envers ses semblables, envers les animaux, les végétaux et la planète tout entière. Le comportement d'une personne est constitué de la somme de ses sensations, sentiments, pensées, paroles et actes, de tout ce qu'elle ressent, pense, dit et fait, jour après jour. Tout cela se grave dans son corps. Peu à peu elle devient ces aspects et son âme se transforme en conséquence. Donc, ce que chacun appelle « sa vie » est en fait la somme des aspects positifs – c'est-à-dire en accord avec la volonté de Dieu – dont il enrichit son

âme et son corps, et des aspects moins positifs, donc négatifs, qu'il leur impose.

La vie de l'homme sur Terre est composée de
ses propres enregistrements, de ce qu'il pense
et dit ainsi que de ses opinions, par exemple,
de sa conception du droit et du fait d'avoir
raison ou encore de la justice. C'est sur cette
base qu'au cours des années se développe la
personnalité individuelle de chacun, que l'on
peut également appeler la « loi personnelle »
parce qu'elle est spécifique à la personne, à
ses aspects personnels. C'est ce qui constitue
alors les valeurs personnelles de chacun, les
valeurs qui déterminent son comportement
et son parcours de vie. C'est ce qu'il nomme
« sa vie ».

Chacun façonne et détermine individuellement son parcours en fonction de ce qu'il
enregistre dans son corps et dans son âme.

Obéissant à la loi causale, ces enregistrements génèrent des effets qui lui montrent alors ce qu'il a à apprendre – ou à endurer – sur Terre ou en tant qu'âme dans le royaume des âmes. Il s'agit de la loi « action-réaction », appelée également « loi de cause à effet » ou « loi des semailles et des récoltes » ou tout simplement « loi causale ».

*La loi causale –
le principe rééquilibrant entre
les aspects positifs et négatifs de la vie sur
Terre et dans l'au-delà*

Selon la loi « action-réaction » ou « loi des semailles et des récoltes », chacun ne récolte que ce qu'il a lui-même semé auparavant dans son corps et son âme. L'homme appelle « sa vie » la multitude des évènements et des situations issus de ses semailles et récoltes. Au fil de sa vie sur Terre, ce parcours personnel parsemé de choses positives et négatives lui apporte joies et souffrances. C'est tout à fait logique, cependant certains refusent d'accepter qu'ils sont eux-mêmes responsables des coups du sort, des maladies ou des difficultés qu'ils rencontrent. Chacun devra pourtant, un jour ou l'autre, accepter qu'il ne peut récolter que le mal qu'il a lui-même enregistré, semé. Chacun détermine donc lui-même son parcours qu'il appelle « sa vie ». Rappelons cependant qu'il ne s'agit pas là de la vie cosmique, universelle, mais uniquement des situations et évènements de son existence sur Terre, qu'il détermine en effet lui-même.

Par contre, le divin, l'existence pure, éternelle et infinie, la Vie des cieux, est, elle, immuable et hors de portée de l'être humain volontaire, égoïste et étroit d'esprit. La loi universelle, Dieu, l'Absolu, est bonté parfaite. Par conséquent, ce qui est lié au vouloir et aux désirs humains, ce qui correspond à la volonté propre et à l'égocentrisme, ne peut être que mauvais, c'est-à-dire négatif et donc nuisible.

Le corps humain pourrait également être qualifié d'enveloppe temporaire de l'âme. Cette affirmation entraîne automatiquement une question : Que se passe-t-il après la vie sur Terre, lorsque l'âme quitte cette enveloppe temporaire ? Où se trouve alors l'âme ?

La réponse pourrait être la suivante : Chacun de nous détermine tous les jours le cours du voyage que suivra son âme lorsqu'au moment de la mort elle quittera son corps et sera attirée dans les domaines de l'au-delà où l'attendent des énergies résultant de fautes non réglées. Ce sont les charges et les liens dont l'être humain aurait pu et dû libérer son âme en prenant conscience de ses erreurs et en les mettant en ordre déjà au cours de son incarnation. Chacun de nous détermine donc lui-même chaque jour où ira son âme après la mort de son corps physique.

Voici une autre image permettant d'approfondir ce sujet : L'être humain peut être comparé à un ordinateur. On peut dire que chacun de nous enregistre tous les jours des données dans l'ordinateur « homme ».

Ces données sont enregistrées dans l'homme et l'âme, mais aussi dans des constellations de planètes correspondantes qui les rayonnent ensuite progressivement, jour après jour, en direction de l'âme et de l'homme. Toute personne est donc confrontée successivement à ces enregistrements, à des données qu'elle a enregistrées auparavant au cours de ses existences terrestres. Il en va de même pour l'âme dans l'au-delà. Elle est, elle aussi, incitée par les constellations de planètes à regarder en face et à mettre en ordre ce que l'enveloppe, l'homme, a enregistré en elle par ses pensées et ses paroles au cours de ses incarnations passées. L'âme est ainsi confrontée aux enregistrements négatifs de l'être humain qu'elle était par le passé et a la tâche de délier ces nœuds énergétiques négatifs.

Qu'en fonction de nos enregistrements, nous récoltions joie ou souffrance, nous devrions être conscients que ce qui est décisif pour notre destin présent et à venir, c'est notre degré de désintéressement et d'amour du prochain. Tant que l'être humain ne pense qu'à lui-même et agit en conséquence, il enregistre constamment des causes négatives. Habités par cet état d'esprit égocentrique, certains sont prêts à « marcher sur des cadavres », comme on le dit parfois.

Jésus de Nazareth nous a enseigné la loi de la liberté basée sur l'amour pour Dieu et pour le prochain, et non sur l'égocentrisme, sur l'égoïsme effréné qu'on peut définir en quelques mots par « Le prochain, c'est moi ». Cette forme d'égocentrisme est complètement à l'opposé de l'amour pour Dieu et pour le prochain.

La loi de la liberté que Jésus de Nazareth nous a enseignée implique que chacun de nous est responsable de sa manière de penser et de se comporter, en vertu du principe accepté de tous, « action-réaction », appelé également « loi de cause à effet ». Selon la loi universelle, cela signifie que nous sommes, soit pour, soit contre Dieu, la vie éternelle.

Celui qui est contre la loi de la liberté, la loi de la Vie, a inversé l'« amour pour Dieu et pour le prochain » en « le prochain, c'est moi ». C'est donc cette inversion qui a progressivement engendré le principe satanique « Le prochain, c'est moi ». Ce principe repose sur l'absence de liberté et sur des liens conditionnés par l'obéissance, conformément au principe « Lie les autres à toi. Le prochain, c'est toi ». Cette attitude, basée uniquement sur l'égoïsme, n'est pas seulement responsable de la souffrance des hommes, mais aussi et surtout de la souffrance indicible des animaux innocents, des végétaux, des minéraux, de la Terre entière.

Un jour ou l'autre, que ce soit dans cette vie ou en tant qu'âme dans l'au-delà ou encore lors d'incarnations ultérieures, l'âme devra faire face à ses propres enregistrements, à sa propre responsabilité. Chacun de nous est donc soumis à son propre joug qui peut se manifester sous forme de souffrance, de soucis, de difficultés, de maladies et autres tribulations.

*Saisir et analyser
les indications données
par l'énergie du jour*

Par quoi pourrions-nous commencer pour sortir de cette spirale douloureuse, pour nous libérer de la peur de tout ce qui pourrait encore nous arriver ? Le commencement, c'est toujours notre journée, la journée qui est individuelle à chacun et qui peut littéralement nous secouer et nous amener à des prises de conscience sur nous-mêmes. La journée nous montre clairement ce que nous avons imposé à notre corps et à notre âme par le passé, c'est-à-dire quelles informations nous avons enregistrées dans les cellules de notre corps ainsi que dans notre âme. Chaque journée en apporte une partie afin que nous nous défassions progressivement de ce qui pourrait nous toucher douloureusement un jour si nous n'y travaillons pas.

Attention ! Il est possible qu'une journée commence par un sentiment joyeux et ensoleillé. Nous pensons alors avoir une belle journée devant nous. Nous parlons éventuellement d'harmonie et de bonheur : « Voilà une bien belle journée ! Je me sens d'humeur très joyeuse. » Cependant, quelques heures plus tard, cette journée prend tout à coup une autre tournure. Par exemple, nous rencontrons un ancien collègue de travail avec lequel nous entamons une conversation. Il évoque, sans y faire attention, une situation relative à une activité menée en commun par le passé. Soudain, le baromètre de notre humeur descend. Une pointe de mécontentement, pouvant aller jusqu'à la dépression, se profile. Cette conversation a eu l'effet d'une bande de nuages recouvrant le monde ensoleillé et joyeux de nos émotions et sentiments. Que s'est-il passé ? Etait-ce une indication provenant de l'énergie personnelle de notre journée ?

Puisque, comme nous le savons, le hasard n'existe pas, cette conversation a sûrement été une indication voulant nous montrer un aspect de ce que nous avons une fois enregistré dans l'ordinateur « âme et homme ». En effet, comme nous l'avons vu, l'âme et l'homme sont en quelque sorte des mémoires qui enregistrent tout ce que nous ressentons, pensons, disons et faisons. C'est à nous qu'il appartient maintenant d'interroger le bouillonnement émotionnel ayant déclenché un fouillis de pensées agitées et désordonnées fusant dans tous les sens. Que veut nous dire cette journée ? Que se trouve-t-il dans notre conscient et notre subconscient ainsi que dans notre âme ? Quels sont ces aspects qui ont été un jour enregistrés dans une constellation planétaire qui maintenant les rayonne vers nous ? De quoi s'agit-il ?

Si vous croyez en l'Esprit universel que nous appelons Dieu en Occident, ayez confiance et priez l'Esprit de Dieu qui est la loi universelle de l'amour pour Dieu et pour le prochain. Demandez-Lui qu'Il vous aide et vous soutienne. Si notre demande est sincère et vient du cœur, nous devrions également nous aménager suffisamment de temps pour cette prière, éventuellement le soir, lorsque l'atmosphère est plus calme, que les nombreuses activités de la journée cessent progressivement et que la soirée commence. Prendre du recul par rapport aux évènements de la journée ouvre notre esprit, de sorte qu'il nous est tout à coup possible de voir clair, grâce à un pressentiment qui monte en nous et nous fait comprendre pourquoi une pointe de dépression avait assombri notre bonne humeur. Jésus, le Christ, nous a enseigné : « Demandez et il vous sera donné. Cherchez et vous trouverez. Frappez et l'on vous ouvrira. » Dieu, qui est la Vie dans tout l'univers, nous connaît, car Il est notre Père céleste.

Dieu, l'Esprit de notre Père céleste est présent en nous. Il est la Vie. Il connaît nos difficultés et nos soucis, et si nous bâtissons sur Lui, Lui faisons confiance et croyons qu'Il est Celui qui dirige tout ce qui est bon, Il nous soutient aussi dans les moments de grandes difficultés. Le chemin qui mène à Dieu en nous nécessite de la persévérance. Au moment même où nous sommes en mesure de comprendre ce qui serait le mieux pour nous, nous en prenons conscience de manière subtile – cela peut se passer tôt le matin ou lors d'une situation au cours de la journée ou encore le soir. C'est donc dans les moments où nous sommes capables de le saisir facilement que nous ressentons et comprenons ce que Dieu veut nous dire. Ces prises de conscience soudaines se font au moyen de pensées et d'images qui montent en nous et dans lesquelles, pour reprendre notre exemple, nous pouvons comprendre la raison de notre état d'abattement ou de dépression. Une chose est sûre, nous avons enregistré dans notre âme ainsi que dans notre corps physique des aspects dont notre âme aimerait se libérer avant que l'enveloppe où elle se trouve, c'est-à-dire l'être humain, doive en subir les conséquences.

Notre journée contient de nombreuses indications. A travers de multiples situations, elle aimerait nous montrer ce que nous devrions analyser et mettre en ordre. La journée est notre amie. Elle nous met en garde à temps. Tout, absolument tout, est énergie. Tout ce qui émane de nous est énergie. Cette énergie qui correspond au contenu positif ou négatif de nos pensées, paroles et actes, est enregistrée et revient un jour ou l'autre vers nous, la plupart du temps petit à petit. Tout le positif et le négatif que nous avons enregistré au cours des très nombreuses journées de notre existence terrestre, fait partie de notre vie en tant qu'être humain ou en tant qu'âme dans les plans de l'au-delà, après la mort de notre corps physique.

La journée, notre journée, est notre amie. A travers la journée, l'Esprit de Dieu, notre Père, essaie toujours de nous faire reconnaître à temps nos aspects négatifs, afin que nous y remédiions avant que ce que nous qualifions de fatalité ne s'abatte sur nous en tant qu'être humain ou sur notre âme lorsqu'elle aura déposé son enveloppe matérielle. Chaque jour, à travers les situations désagréables que nous traversons, nous sommes incités à reconnaître nos aspects négatifs pour en tirer des leçons et diriger à temps notre vie sur les voies qui mènent à la vie éternelle afin que notre âme puisse alors « monter au Ciel » lorsqu'elle aura quitté son enveloppe physique.

Si une personne ne met pas à profit ses journées sur Terre, que malgré toutes ses prises de conscience profondes elle laisse libre cours à ses pensées et à tout son comportement, alors après la mort du corps physique, dans l'au-delà, son âme devra se remettre en chemin en portant les charges que l'être humain lui aura imposées par son comportement sur Terre. Où ce cheminement l'amènera-t-elle ? Elle chutera éventuellement à nouveau sur la Terre, pour une nouvelle incarnation. L'âme qui a ainsi repris une nouvelle enveloppe terrestre poursuit alors son parcours, incarnée. Cette nouvelle personne qui porte en elle les aspects qu'elle a enregistrés dans ses vies antérieures qualifie une fois de plus son nouveau destin, en réalité ancien, de « vie difficile ».

Ce cheminement de l'âme dans l'au-delà et éventuellement sur Terre au cours de différentes incarnations, se poursuit jusqu'à ce que l'âme et l'homme prennent conscience de ce qu'est en réalité « la Vie ».

L'Esprit Tout-puissant, Dieu, qui est la Vie, est unité. Il est le Père de tous Ses enfants, y compris des êtres humains dont nous faisons partie. Dieu est le Créateur de toute vie. Il est la Vie en toute chose. Dieu, la Vie, se trouve en chaque pierre, en chaque goutte d'eau, dans la nature, en chaque animal ainsi qu'en chaque âme et chaque homme. La Vie se trouve dans les quatre éléments, dans tout ce que porte la Terre. La Vie est le souffle, Dieu, dans la respiration de l'homme. Tout vit parce que Dieu est la Vie. Tout porte en soi l'immortalité parce que la Vie est immortelle.

Laissons agir en nous ce que nous venons de lire : Dieu, le Père de tous Ses enfants, est le Créateur de toute vie. Il se révèle en toute chose par ces paroles de révélation : « Je suis le Je suis, la Vie. » Dieu est donc unité. Dieu est amour pour toute Sa création. L'amour pour Dieu et pour le prochain est la Vie qui se révèle dans les minéraux, en chaque plante, en chaque animal. L'Esprit universel, Dieu, la Vie, se trouve dans toute la diversité de la nature. La Vie est donc l'unité et ainsi l'amour de Dieu et du prochain.

L'être humain qui parle de « sa vie » et croit être la « couronne de la création » ne fait que végéter dans cet état d'esprit égocentrique : « Le prochain, c'est moi », un comportement qu'il qualifie de sa vie et dont il a fait sa couronne. Coiffé de cette couronne, il tue, assassine, viole, il pille la nature et le monde végétal, il est l'assassin et le boucher des animaux qu'il consomme également. Se prenant pour la « couronne de la création », l'homme qui laisse libre cours à ses pulsions croit disposer du droit de prendre la vie aux animaux et à la nature. Ce criminel pulsionnel est d'avis que la vie en évolution, qui est le souffle de Dieu

dans la nature et dans le monde animal, lui
est inférieure parce que cette vie soi-disant
« inférieure » n'aurait pas de sentiments tels
qu'en a l'homme, lui, qui prétend être la
« couronne de la création ».

Le respect de la vie –
les hommes ont-ils encore
des sentiments et une conscience ?
La brutalité grandissante
de l'être humain
ne connaît pas de limites

Avec tout ce qui se passe dans la société actuelle, une question surgit : L'homme, la prétendue « couronne de la création », a-t-il encore des sentiments contribuant au développement d'une conscience morale ? Commençons, par exemple, par le monde de sentiments des chasseurs. Ceux-ci chassent les créatures de Dieu – les animaux – à travers champs et forêts, puis les abattent, les tuent, en prenant plaisir à tirer. On pourrait dire que le fusil remplace ici les sentiments et la conscience morale. La « couronne de la création », que le chasseur pense être, prend la vie de l'animal. Une question s'impose alors : Est-ce l'homme qui a donné la vie à l'animal ou bien le Créateur, la véritable couronne éternelle qui est la Vie ? La devise satanique du chasseur est : « Le prochain, c'est moi ! » Il s'agit là des pulsions de l'ego qui n'a rien à voir avec des sentiments nobles et une conscience morale, mais s'apparente tout au plus avec du sentimentalisme, lorsqu'il se retrouve autour d'un verre avec ses compagnons et relate le nombre de ses victimes. Nombre de ces vantards sont catholiques ou protestants ou font encore partie d'une autre religion. Quel message le texte ci-dessous, de Jérôme dont l'église a fait un « saint », pourrait-il leur faire comprendre ?

Il écrit : « *La consommation de la viande était inconnue jusqu'au déluge, mais après celui-ci, on a mis dans la bouche des hommes les fibres et les jus nauséabonds de la chair animale... Jésus-Christ, qui est apparu lorsque le temps en fut venu, a uni à nouveau la fin au commencement, afin que nous ne consommions plus de chair animale.* »

L'église catholique qui a canonisé Jérôme – qui compte aussi parmi les pères de l'église – organise pourtant « des messes de la saint Hubert » pour y bénir des cadavres d'animaux tués en toute conscience. N'est-ce pas là tourner en dérision ses propres saints ?

Devenu une machine à tuer s'attaquant aux hommes, aux animaux, à la nature ou à la Terre-Mère, l'homme nomme ce parcours humain mu par ses pulsions, sa « vie ». La « vie misérable » menée par la couronne ratée de la création, dont elle est en outre tellement fière, est marquée par d'autres aspects semblables. L'homme qui, fort de cette affirmation « le prochain, c'est moi », se présente comme la couronne de la création, élève ce qu'il appelle « des animaux d'abattoir » qui dès leur naissance sont voués à finir sur l'étal du boucher. Les rouages de la mise à mort commencent déjà dans leurs étables sordides. Dès que les animaux sont prêts pour l'abattage, ils sont livrés au couteau du boucher. A l'abattoir, le boucher abat, autrement dit, assassine les animaux dont les cadavres sont ensuite accrochés et dépecés, soit avec une tronçonneuse, soit à l'aide d'un couteau, en fonction de leur taille.

Question à l'intention des éleveurs de ces « animaux d'abattoir » et des bouchers : Avez-vous donné la vie à ces animaux pour que vous vous permettiez de la leur prendre ?
Ce n'est pas Dieu, la Vie, le Créateur qui vous en a donné l'autorisation. Il a créé les animaux, c'est Lui qui donne la Vie. Qui, dans ce cas, vous y a autorisé ? Qui !?
Dépourvu de conscience morale et mû par ses pulsions, celui qui est contre la création

de Dieu est le meurtrier de Ses créatures que sont les animaux mais aussi les végétaux, car Dieu est la Vie dans toute la nature ; il s'agit de Satan en tous ceux qui, dénués de sentiments, s'adonnent à leurs pulsions basses. La brutalité grandissante de l'homme devenu un robot de la société ne connaît pas de limite. Prenons conscience de tous les animaux traqués et chassés dans les forêts ou les prairies, abattus d'un coup de fusil ou à coups de gourdin. Mettons-nous également à la place des créatures martyrisées et torturées en raison de leur chair, les « animaux d'abattoir » enfermés la plupart du temps dans d'abominables étables, pour être ensuite livrés au boucher. Toutes ces créatures sont effrayées face à la mort violente qui les attend. Leurs tortionnaires et leurs meurtriers ainsi que tous ceux qui approuvent ces actes, chargent leur âme des hurlements de peur de ces animaux et de leur cruelle mise à mort.

La chair des cadavres d'animaux se retrouve alors, découpée en morceaux, dans les étalages des boucheries, des charcuteries ou des supermarchés. Le consommateur qui s'adonne au cannibalisme animal achète alors un morceau de cette chair remplie de souffrance, produit des rouages de la mise à mort, puis le cuisine et le sert. L'homme qui considère sa vie comme étant « la Vie » et prétend être « la couronne de la création », découpe alors ce morceau de chair dans son assiette ou mord directement dans un morceau de cadavre entre deux tranches de pain ou encore le mange directement sur l'os. Ce sont là les valeurs de son parcours, qu'il définit comme étant « sa vie » et qui reposent en réalité sur ce dicton satanique : « Le prochain, c'est moi ! » Selon les paroles mêmes de Jérôme, canonisé par l'église mais dont elle ne respecte pas l'enseignement, toute personne qui consomme la chair de cadavres d'animaux se rend complice de leur souffrance.

Le cannibalisme animal se développe toujours plus parce que l'homme a perdu tout sentiment pour la Vie et ainsi tout sens moral. Les outils de torture et les armes meurtrières utilisés portent de nombreux noms : fusil, carabine, gourdin, pistolet d'abattage, etc. La torture, c'est l'élevage des animaux de boucherie puis leur transport et ce qui les attend à l'abattoir. Comme nous l'avons déjà dit, le trophée alors découpé en morceaux, rôti et bien épicé, est ensuite servi aux cannibales d'animaux. C'est ce que l'homme appelle « sa vie ». Il en résulte, entre autres, la devise : « Le prochain, c'est moi. »

Le présumé « miracle économique » des laboratoires de vivisection consiste à expérimenter sur des animaux vivants ce qui pourrait servir au bien-être de la couronne satanique, c'est-à-dire l'homme. Et lorsque l'animal martyrisé et torturé au service de soi-disant progrès scientifiques n'est plus utile, son cadavre est jeté.

Les semeurs de confusion au service des traditions ecclésiastiques, auxquels de nombreuses personnes font encore confiance, ont transformé les déclarations claires de Jérôme en leur contraire. En outre, ils ont fait croire à leurs fidèles que les animaux n'ont ni âme ni sentiments et que les plantes ne sont que matière sans vie. Ces mensonges, qui sont la loi des hommes en soutane, causent également une énorme souffrance à d'autres animaux. Tout comme leurs frères et sœurs, ils sont assassinés, cette fois pour leur peau ou leur fourrure arrachée de leur corps avant d'être transformée en parures pour les « beautés » de ce monde qui paradent en manteau, cape ou autres accessoires en fourrure, dans l'espoir d'être la plus belle. Mais avant de voir leur peau traitée pour confectionner des habits, les animaux sont pris dans des pièges cruels ou bien ont végété toute leur vie dans l'enfer de minuscules cages en grillage des « fermes à fourrure ».

C'est ainsi que la dynastie meurtrière appelée « homme » orne ce qu'elle appelle « sa vie ». Les innombrables espèces animales vivant dans les mers, sur la terre ferme ou dans les airs appellent leur Créateur à l'aide. La pêche qui entre temps s'est transformée en un véritable pillage au service du principe « le prochain, c'est moi », fait également partie de l'assassinat du monde animal.

Quelle que soit la saison, printemps, été, automne ou hiver, l'homme se permet d'abattre des arbres selon son bon plaisir. En effet, les semeurs de confusion au service des traditions ecclésiastiques ne lui ont-ils pas dit que plantes et animaux n'ont pas d'âme ? De manière générale, la Terre est devenue

la proie de pilleurs et de voleurs parce que
les doctrines ecclésiastiques enseignent que
toutes les formes de vie sont des objets sans
âme, à l'exception, bien sûr, de la promet-
teuse « couronne de la création », l'homme,
qui depuis longtemps s'est voué et soumis au monde des ténèbres, aux sombres
conceptions d'hommes en soutane et à leur
influence. Ces responsables aux positions
dirigeantes ont enseigné et enseignent à
l'homme de se soumettre la Terre. C'est ce
qu'il a fait et continue de faire, usant de toute
la brutalité dont il est capable.

Aujourd'hui, la Terre et toutes les formes de vie
qu'elle porte en son sein appellent au secours
et à l'aide. Et lorsque les quatre éléments –
à travers lesquels agit entre autres la Vie, le
Sauveur – viennent alors à l'aide de la Terre,
on attribue à Dieu les monstruosités générées
par l'homme et on les déclare comme faisant
partie des « mystères de Dieu ».

*Le temps est venu, la vérité éclate.
Des personnes parvenues
à la conscience de la vie véritable
seront un exemple pour
beaucoup d'autres*

Le temps est venu où l'adversaire de Dieu rencontre toujours plus de difficultés à poser son pied sur la Terre, car elle est et reste le marchepied de Dieu et ne peut être détruite, même si le clan de la tradition ecclésiastique accuse Dieu si souvent. Les agissements diaboliquement meurtriers dont le but était de vaincre Dieu touchent progressivement à leur fin. Les « faussaires » se dévoilent de plus en plus souvent eux-mêmes. Toujours plus de personnes réalisent que ce qui se présentait sous un jour lumineux se montre progressivement être bien sombre.

Lorsqu'il quittera son enveloppe humaine et temporelle, celui qui a agi sous l'influence de ses pulsions basses, l'assassin des animaux et de la nature, ayant sévi sur Terre sans le moindre scrupule, devra reconnaître en tant qu'âme ce que signifie la Vie et qui en réalité est la Vie. Tous les animaux massacrés sur Terre, c'est-à-dire ceux des forêts, des champs, des fleuves et des mers, ceux des abattoirs mais aussi des laboratoires, ressusciteront dans l'âme de leurs tortionnaires et de leurs assassins sous forme d'images d'horreur et de souffrance. L'âme ne pourra pas échapper à ces images, car lors de son incarnation elle a accompli ces actes horribles ; l'être humain les a enregistrés en elle et dans les constellations de planètes devenues maintenant le lieu d'habitation de son âme.

Certaines âmes dans l'au-delà se disent : « Je vais me libérer de ces souffrances et retourner sur Terre. » Cependant, avant de retourner à l'incarnation, l'âme qui a enregistré en elle ces actes cruels est instruite. Elle est avant tout informée de ce qui lui arrivera au cours de sa nouvelle vie. Ce que nous avons entendu dans le poème au début de cet ouvrage, « La vie que j'ai moi-même choisie », s'éveille en elle et elle devra finalement prendre conscience que sa vie terrestre précédente, enregistrée en elle, peut un jour revenir vers elle comme un boomerang. En vertu de la loi « ce que l'homme sème, il le récoltera », une partie de ses enregistrements produiront leurs effets au cours de sa nouvelle vie.

Ce qui doit arriver, arrive alors ; l'âme réincarnée porte en elle les aspects qu'elle n'a pas mis en ordre et, un jour ou l'autre, vient le moment où une partie de ses semailles cherche à se transformer en récolte. Reste alors à espérer que, le moment venu, son enveloppe humaine aura atteint un certain degré de maturité et qu'elle ne continuera pas à faire les mêmes erreurs que dans ses incarnations précédentes. D'une manière ou d'une autre, ces causes se montrent un jour dans l'âme, dans les plans de purification ou sur Terre dans un nouveau corps.

Bienheureux celui qui met à profit le temps qui lui est offert au cours de sa vie sur Terre ! Bienheureux celui qui reconnaît à temps les agissements des faussaires appartenant à la tradition ecclésiastique – auxquels il a éventuellement été soumis jusqu'alors – et apprend à partir de ses erreurs ! Avec l'aide du Christ de Dieu, il peut développer en lui le repentir et demander pardon. En ne répétant plus les mêmes erreurs, il résistera alors aux influences qui tenteront à nouveau d'agir sur lui.

Les personnes qui dans cette conscience maîtrisent leur vie sur Terre participent au fait que toujours plus de gens se libèrent de l'emprise de la « magie noire » des hommes en soutane et prennent le chemin du repentir de leurs fautes et de leur mise en ordre. Ils s'orientent alors de plus en plus sur les Commandements de Dieu et les enseignements du grand instructeur de la sagesse qu'est Jésus, le Christ, sur Son Sermon sur la Montagne qui montre le chemin permettant de développer des valeurs élevées. C'est ainsi qu'ils prennent conscience de la vie véritable et trouvent l'amour pour Dieu et pour le prochain, qui est l'unité de la Vie dont font partie toutes les formes de vie de la Terre, les animaux, la nature et les éléments. La Vie, c'est Dieu. Lui seul est le donateur de la Vie.

Seul l'homme se permet de prendre la vie à d'autres hommes, aux animaux et à la nature avec une cruauté sans nom. Qui est l'assassin pulsionnel des animaux et de la nature ? Celui qui est contre le Donneur de la Vie, Dieu. Il s'agit de la « magie noire » qui trompe les gens en faisant passer pour lumineux ce qui est sombre. Beaucoup de personnes l'ont compris et lancent cet appel : Homme, réveille-toi avant que ton âme dépose son enveloppe terrestre, car le jour viendra où la loi des semailles et des récoltes produira ses effets. Examine ce que tu as semé, ô homme, car tu le récolteras. Cela vaut pour chacun d'entre nous.

Chacune de nos journées nous indique ce qui est bon en nous, ce qui l'est moins ainsi que le négatif. Chaque jour, chacun de nous est confronté à ce que les constellations de planètes rayonnent vers lui à travers son âme.

Chers lecteurs, nous vous souhaitons et nous souhaitons tous de mener une vie consciente. Nous sommes tous des frères et des sœurs dans l'Esprit de la vie universelle, Dieu, vers Lequel nous nous tournons également dans la prière du Notre Père en disant tout simplement : Père. Il est le Créateur de la Vie. Lui seul est la Vie.

Suggestions de livres

Ce qu'on a voulu vous cacher !

La réincarnation

Une grâce de la vie

Où mène le voyage de mon âme ?

La connaissance de la réincarnation, déjà connue des premiers chrétiens, nous ouvre les yeux. Elle nous permet de comprendre le sens de notre existence, la raison de notre vie sur Terre et notre tâche, qui est de mettre à profit la chance qui nous est ainsi donnée de nous développer intérieurement pour redevenir les êtres que nous sommes à l'origine, des êtres divins dont la vie est éternelle. La réincarnation est un message qui peut transformer complètement notre vie ! Un livre d'une clarté et d'une richesse exceptionnelles.

100 pages • N° ISBN 978-3-89201-943-5

Egalement disponible en e-book : www.editions-gabriele.com

Apprends à prier

Dans la prière véritable
tu fais l'expérience de Dieu

La prière véritable rend heureux

Dieu habite dans l'âme de chacun. Il est donc toujours proche de nous, Il nous entend et nous comprend. Chacun peut apprendre à dialoguer avec Lui dans la prière. Ce livre nous donne les clés de cet apprentissage.

56 pages • N° ISBN 978-3-89201-366-2

Egalement disponible en e-book : www.editions-gabriele.com